BEI GRIN MACHT SICH IHR WISSEN BEZAHLT

Bibliografische Information der Deutschen Nationalbibliothek:

Die Deutsche Bibliothek verzeichnet diese Publikation in der Deutschen National-
bibliografie; detaillierte bibliografische Daten sind im Internet über http://dnb.d-
nb.de/ abrufbar.

Impressum:

Copyright © 2019 GRIN Verlag
Druck und Bindung: Books on Demand GmbH, Norderstedt Germany
ISBN: 9783346089847

Dieses Buch bei GRIN:

https://www.grin.com/document/512444

Stella Fritz

Spanische Wahlplakate zwischen konzeptioneller Mündlichkeit und Schriftlichkeit. Wie gelingt es den Parteien, Distanz zu überbrücken?

GRIN Verlag

GRIN - Your knowledge has value

Der GRIN Verlag publiziert seit 1998 wissenschaftliche Arbeiten von Studenten, Hochschullehrern und anderen Akademikern als eBook und gedrucktes Buch. Die Verlagswebsite www.grin.com ist die ideale Plattform zur Veröffentlichung von Hausarbeiten, Abschlussarbeiten, wissenschaftlichen Aufsätzen, Dissertationen und Fachbüchern.

Besuchen Sie uns im Internet:

http://www.grin.com/

http://www.facebook.com/grincom

http://www.twitter.com/grin_com

Sommersemester 2019

Universität Augsburg
Philologisch-Historische Fakultät
Lehrstuhl: Angewandte Sprachwissenschaft (Romanistik)
Hauptseminar: Gesprochene und geschriebene Sprache in der Romania: Theoretische
Grundlagen und Methoden der Textanalyse

Spanische Wahlplakate zwischen konzeptioneller Mündlichkeit und Schriftlichkeit

Eingereicht von: Stella Fritz

Studiengang: B.A. Anwendungsorientierte Interkulturelle Sprachwissenschaften
(7. Fachsemester)

Inhaltsverzeichnis

1. Einführung

Alle paar Jahre finden in Spanien Parlamentswahlen statt. Um ihre Wähler zu mobilisieren und sie von der eigenen Partei zu überzeugen, nutzen die Parteien unterschiedliche Werbemittel. Eines der wohl am weitesten verbreiteten und öffentlichkeitswirksamsten Instrumente ist das Wahlplakat. Es richtet sich an die breite Öffentlichkeit und ist für jedermann zugänglich. Untersucht man das Wahlplakat genauer, stellt sich die Frage, wie es die Parteien schaffen, die Wählerschaft mit Hilfe eines Plakates zu überzeugen. Wie schaffen sie es, Emotionen auszulösen und Werte wie Vertrauenswürdigkeit und Ehrlichkeit zu erwecken?

Die These dieser Arbeit ist, dass die Parteien versuchen, die eigentliche Fremdheit und Distanz beider Kommunikationspartner zu überbrücken und im Gegenzug Vertrauen und Nähe zu ihrer Wählerschaft zu konstruieren. Diese Vermutung wird überprüft und untersucht, welcher sprachlichen und nichtsprachlichen Mittel sich die Produzenten der Wahlplakate bedienen, um ihre Ziele zu erreichen.

Um diese Fragen zu beantworten, widme ich mich dem Thema der konzeptionellen Mündlichkeit und Schriftlichkeit, welches sich mit Nähe und Distanz in sprachlichen Äußerungen befasst. Der schematischen Analyse von Koch und Oesterreicher (2011: 3ff.) entsprechend, werden die Wahlplakate der Reihe nach auf die Kommunikationsbedingungen, die Versprachlichungsstrategien und zuletzt auf die universalen nähesprachlichen Merkmale des Spanischen untersucht.

Der Korpus setzt sich aus Wahlplakaten der Parlamentswahlen Spaniens aus den Jahren 1977 bis 2019 zusammen.

2. Das Wahlplakat als Text

Für eine linguistische Textanalyse wird zunächst kurz erörtert, was ein Wahlplakat überhaupt zu einem Text macht:

> „Ein Text ist jeder geäußerte sprachliche Bestandteil eines Kommunikationsaktes in einem kommunikativen Handlungsspiel, der thematisch orientiert ist und eine erkennbare kommunikative Funktion erfüllt, d.h. ein erkennbares Illokutionspotential realisiert."
> (Schmidt 1973: 150)

Ein Text ist also eine sprachliche Äußerung innerhalb einer Kommunikationsaktes, die einen bestimmten Zweck verfolgt. Unter einer kommunikativen Funktion, oder kurz Textfunktion, versteht man die bezweckte Wirkung eines Textes in einer Kommunikationssituation. Ein Text kann zum Beispiel eine informative, unterhaltende oder appellative Funktion haben. Demnach ist es das Ziel des Produzenten, den Rezipienten zu informieren, zu unterhalten oder anzuweisen. Es können auch mehrere Funktionen parallel vertreten sein; in dem Fall bestimmt die dominierende Kommunikationsfunktion die Textfunktion. (vgl. Brinker 2005: 88f.)

Wahlplakate sind ein politisches Instrument, mit dem versucht wird, die Wählerschaft zu beeinflussen. Die Parteien appellieren an die Öffentlichkeit, bei der Wahl für sie zu stimmen. Durch den Zweck der Meinungs- und Verhaltensbeeinflussung kann man den Wahlplakaten also eine appellative Funktion zusprechen. Die Appellfunktion der Wahlplakate wird auch durch bestimmte sprachliche Strukturen deutlich, wie der Verwendung des Imperativs oder des instruierenden Infinitivs. (vgl. Brinker 2005: 88)

Ein Text muss nicht rein sprachlicher Natur sein; durch die Kombination aus sprachlicher und bildlicher Komponente stellt das Wahlplakat einen "gemischten Text" dar. Es dominieren sowohl linguale, als auch außerlinguale Elemente. (vgl. Vater 2001: 15) Da die bildliche Komponente hier nicht wegzudenken ist, werden bei der Analyse beide Komponenten berücksichtigt.

3. Mündlichkeit in Wahlplakaten

3.1. Theoretisches

Bei der Unterscheidung zwischen Mündlichkeit und Schriftlichkeit müssen zunächst zwei Ebenen der Sprache betrachtet werden: das Medium und die Konzeption. Auf medialer Ebene wird zwischen einer 'phonischen' und 'graphischen' Realisierung unterschieden, wobei die phonische Realisierung in Form von Lauten und die graphische Realisierung in Form von Schriftzeichen erfolgt. Auf konzeptioneller Ebene wird zwischen konzeptionell 'gesprochener' und konzeptionell 'geschriebener' Sprache unterschieden. (vgl. Koch/Oesterreicher 2011: 3)

Während das Verhältnis von phonischem zu graphischem Code eine strikte Dichotomie darstellt, stellt das Verhältnis von gesprochener und geschriebener Sprache ein „Kontinuum von Konzeptionsmöglichkeiten mit zahlreichen Abstufungen" (Koch/Oesterreicher 1986: 17) dar. Ein Text kann also sowohl gesprochene als auch geschriebene Elemente aufweisen und lässt sich anhand derer in besagtes Kontinuum einordnen. Die maximalen Ausprägungen des Kontinuums, also die Extrempole des konzeptionell Gesprochenen und Geschriebenen, lassen sich als kommunikative Nähe und kommunikative Distanz beschreiben. (vgl. Koch/Oesterreicher 2011: 10)

Wahlplakate sind medial schriftlich. Die konzeptionelle Einordnung in das Nähe-Distanz-Kontinuum bedarf ausgiebiger Analyse, welche das Thema dieser Arbeit darstellt. Der Fokus liegt hier also auf der Konzeption von Wahlplakaten und inwiefern diese der Mündlichkeit oder der Schriftlichkeit zugeordnet werden kann. Die Begriffe `gesprochene Sprache`, `Nähesprache`, `kommunikative Nähe` und `Mündlichkeit` werden hier synonym als Bezeichnung für konzeptionelle Mündlichkeit verwendet. Die Begriffe `geschriebene Sprache`, `Distanzsprache`, `kommunikative Distanz` und `Schriftlichkeit` formen den Gegenpol hierzu und werden synonym als Bezeichnung für konzeptionelle Schriftlichkeit verwendet.

Um einen Text auf universaler Ebene in das Kontinuum zwischen konzeptioneller Mündlichkeit und Schriftlichkeit einordnen zu können, müssen eine Reihe von sprachlichen und außersprachlichen Faktoren in Betracht gezogen werden. Als außersprachliche Faktoren gelten die sogenannten Kommunikationsbedingungen, welche die sprachliche Kommunikation charakterisieren. Als vornehmlich sprachliche Faktoren gelten die Versprachlichungsstrategien. Hinzu kommen die universalen Merkmale der Nähesprache, welche essentiell für eine Analyse auf mündliche Elemente sind.

3.2. Analyse

Bei der folgenden Korpusanalyse werden zunächst die Kommunikationsbedingungen und Versprachlichungsstrategien untersucht. Anschließend werden die Wahlplakate explizit auf nähesprachliche Elemente untersucht, um sie zuletzt in das Nähe-Distanz-Schema einordnen zu können.

3.2.1 Kommunikationsbedingungen

Im folgenden Abschnitt werden die „außersprachlichen Bedingungen [...], die die Konzeption sprachlicher Kommunikationsakte steuern" (Koch/Oesterreicher 2011: 10) analysiert. Diese Kommunikationsbedingungen sind: der Grad der Öffentlichkeit, der Grad der Vertrautheit der Partner, der Grad der emotionalen Beteiligung, der Grad der Situations- und Handlungseinbindung, der Referenzbezug, die physische Nähe der Kommunikationspartner, der Grad der Kooperation, der Grad der Dialogizität, der Grad der Spontaneität und der Grad der Themenfixierung. (vgl. Koch/Oesterreicher 2011: 7) Die extremen Ausprägungen der Kommunikationsbedingungen stehen jeweils für maximale kommunikative Nähe oder Distanz.

3.2.1.1 Grad der Öffentlichkeit

Der Grad der Öffentlichkeit gibt die „Zahl der Rezipienten" (Koch/Oesterreicher 2011: 7) an. Die Extremen der Abstufungen sind hierbei Privatheit und totale Öffentlichkeit, wobei Privatheit der kommunikativen Nähe und Öffentlichkeit der kommunikativen Distanz zuzuordnen ist. Da es sich bei Wahlplakaten um Massenkommunikationsmittel handelt, die gezielt genutzt werden, um eine größtmögliche Zahl an Rezipienten zu erreichen, kann diese Kommunikationsform als öffentlich eingestuft werden.

Der Grad der Vertrautheit der Kommunikationspartner ist schwieriger zu bestimmen. Inwiefern sich Produzenten und Rezipienten vertraut oder fremd sind, hängt von der „gemeinsamen Kommunikationserfahrung, dem gemeinsamen Wissen, dem Ausmaß an Institutionalisierung etc." (Koch/Oesterreicher, 2011: 7) ab. Bei dem Produzenten eines Wahlplakates handelt es sich in der Regel um einen Politiker und dessen Partei, die er bei der Wahl vertritt. Bei dem Rezipienten auf der anderen Seite handelt es sich um die gesamte Wählerschaft, die sowohl aus Bestandswählern als auch aus Neuwählern, die es zu überzeugen gilt, besteht. Da sich die genannten Kommunikationspartner in der Regel nicht persönlich kennen, könnte man von einer Fremdheit der Partner ausgehen. Allerdings kennt die Wählerschaft in der Regel die entsprechenden Politiker mit den zugehörigen Parteien. Außerdem sind ihre politischen Positionen und moralischen Werte allgemein bekannt, das heißt Produzenten und Rezipienten verfügen in dem Fall um gemeinsames Wissen. Zudem versuchen die Parteien mit ihren Wahlplakaten gezielt, Vertrautheit beim Rezipienten zu erwecken. Dafür werden verschiedene Taktiken genutzt: auf sprachlicher Ebene wird die Verwendung der 2. Person Singular und 1. Person Plural von Verbformen deutlich. Die Verwendung der 2. Person Singular entspricht einem Imperativ oder einer direkten Ansprache des Rezipienten und wirkt dadurch sehr vertraut. Die Verwendung der 1. Person Plural erzeugt ein „wir-Gefühl" zwischen dem Produzenten und Rezipienten und erweckt dadurch ein starkes Gemeinschaftsgefühl. Auf außersprachlicher Ebene wird die Porträtierung des Politikers oder der Politikerin genutzt, um Vertrautheit zu schaffen. Der direkte Blick in die Kamera, der dem Rezipienten vermittelt, dass er direkt angeblickt werden würde, konstruiert Nähe.

Trotz eigentlicher Fremdheit der Kommunikationspartner wird also gezielt Vertrautheit geschaffen, weshalb man das Wahlplakat als Kommunikationsform zwischen den beiden Polen „großer Vertrautheit und völliger Fremdheit" (Koch/Oestrreicher 2011: 7f.) einordnen könnte.

3.2.1.3 Grad der emotionalen Beteiligung

Der Grad der emotionalen Beteiligung gibt an, ob und in welchem Maß Emotionen in einer Kommunikationssituation involviert sind. Diese Emotionen können sich entweder auf den Kommunikationspartner und/oder auf den Kommunikationsgegenstand richten. Sind die Emotionen auf den Kommunikationspartner gerichtet, spricht man von 'Affektivität`. Sind sie auf den Kommunikationsgegenstand gerichtet, spricht man von `Expressivität`. (vgl. Koch/Oesterreicher, 2011: 7)

Bei einem Wahlplakat ist die Affektivität eher gering, da sich die Kommunikationspartner nicht direkt gegenüberstehen. Durch außersprachliche Mittel kann in geringem Maße Affektivität erzeugt werden, beispielsweise indem der porträtierte Politiker direkt in die Kamera blickt und damit eine Face-to-Face-Kommunikation imitiert. (siehe 3.2.3.1)

Die „auf Gegenstände und Sachverhalte gerichtete Expressivität" (Koch/Oesterreicher 2011: 121) kann durch die Behandlung von „bestimmte(n) emotional besetzten Themenzentren" wie Gefühlen, Planungen oder Lebensgrundlagen hervorgerufen werden. Diese Themenzentren sind in fast allen hier analysierten Wahlplakaten vertreten. Eine genauere Analyse folgt in 3.2.3.3 bei der Betrachtung expressiv-affektiver Ausdrucksverfahren als universale nähesprachliche Merkmale des Spanischen. An dieser Stelle lässt sich sagen, dass durch die Häufigkeit der expressiven Merkmale eine hohe emotionale Beteiligung vorliegt.

3.2.1.4 Grad der Situations- und Handlungseinbindung

Der Grad der Situations- und Handlungseinbindung gibt an, ob und in welchem Maße ein Kommunikationsakt in eine Situation oder Handlung eingebunden ist. Im Falle des Wahlplakates kann man von einer Situations- und Handlungsentbindung sprechen, was dem Distanzpol entspricht. (vgl. Koch/Oesterreicherr 2011: 7f.)

3.2.1.5 Referenzbezug

Für das Verfahren der Referentialisierung ist entscheidend, „wie nahe die bezeichneten Gegenstände und Personen der Sprecher-*origo (ego-hic-nunc)* sind"

(Koch/Oesterreicher 2011: 7). Je näher sich die Kommunikationspartner sind, desto höher ist der Referenzbezug. Durch die Situations- und Handlungsentbindung ist bei den Wahlplakaten kein Referenzbezug möglich.

3.2.1.6 Physische Nähe der Kommunikationspartner
Bei der Produktion und Rezeption eines Wahlplakates herrscht eine raumzeitliche Trennung. Die Kommunikationspartner sind sowohl räumlich als auch zeitlich voneinander getrennt, womit physische Distanz vorliegt.

3.2.1.7 Grad der Kooperation
Der Grad der Kooperation gibt an, in welchem Maße der Rezipient bei der Produktion der Kommunikation beteiligt ist. In der gesprochenen Sprache kooperieren Produzent und Rezipient durchgängig miteinander; „der Rezipient zeigt begleitende sprachliche und nichtsprachliche Reaktionen und kann jederzeit eingreifen, rückfragen" (Koch/ Oesterreicher 1986: 20). Dieses Prinzip der `Rückkopplung` ist in der medial geschriebenen Sprache nicht gegeben. Produktion und Rezeption sind hierbei „voneinander ‚abgekoppelt`" (Koch/Oesterreicher 1986: 20); eine Kooperation der beiden Kommunikationspartner ist somit nicht möglich. Dies trifft auch auf die untersuchte Kommunikationsform des Wahlplakates zu.

3.2.1.8 Grad der Dialogizität
Der Grad der Dialogizität gibt an, ob und wie häufig ein Rollenwechsel zwischen dem Produzenten und dem Rezipienten in einer Kommunikationssituation stattfindet. Der Gegenpol zu einem hohen Grad an Dialogizität ist die reine Monologizität. (vgl. Koch/Oesterreicher 1986: 19)

Das Wahlplakat als Kommunikationsform stellt einen reinen Monolog dar; es weist hier also maximale kommunikative Distanz auf.

3.2.1.9 Grad der Spontaneität
Maximale Spontaneität ist in einer Kommunikationssituation dann gegeben, wenn die Planung einer Äußerung unmittelbar während des Äußerungsaktes selber erfolgt. Das bedeutet, dass die Äußerung keiner vorherigen Planung bedarf. Dies kann sich durch sprachliche Merkmale wie Korrekturen oder Verzögerungen äußern. Der Gegenpol zur maximalen Spontaneität ist die maximale

Reflektiertheit. Hierbei ist ein hoher Planungsaufwand erforderlich. (vgl. Koch/Oesterreicher, 2011: 10/1986: 19f.)

Das Wahlplakat erfordert maximale Reflektiertheit, da die Produktion endgültig ist und keinen Raum für Spontaneität bietet.

3.2.1.10 Grad der Themenfixierung

Das Thema einer Kommunikationssituation kann sich während der Situation frei entwickeln oder fixiert sein. In der gesprochenen Sprache bietet eine Kommunikationssituation oft Raum für eine freie Themenentwicklung, da sowohl Produzent als auch Rezipient auf den Inhalt der Kommunikation Einfluss nehmen können. Der hohe Grad an Spontaneität spielt hier auch eine Rolle. In der geschriebenen Sprache ist das Thema oftmals fixiert und kann sich nicht erst im Laufe der Kommunikationssituation entwickeln. Wahlplakate sind unverkennbar auf die Wahl und somit das Thema Politik fixiert; es besteht kein Raum für eine Themenentwicklung.

3.2.1.11 Konzeptionelles Relief

Abgeleitet von dem `Konzeptionellen Relief` von Koch und Oesterreicher (2011: 8), lassen sich die Kommunikationsbedingungen der analysierten Wahlplakate in etwa so graphisch veranschaulichen:

Nähe			Distanz
Privatheit		•	Öffentlichkeit
Vertrautheit	•		Fremdheit
Starke emotionale Beteiligung	•		Keine emotionale Beteiligung
Situations- und Handlungseinbindung		•	Situations- und Handlungsentbindung
Referenzbezug auf die Sprecher-*origo*		•	Kein Referenzbezug auf die Sprecher-*origo*
Physische Nähe		•	Physische Distanz
Maximale Kooperation		•	Keinerlei Kooperation
Hoher Grad an Dialogizität		•	Reine Monologizität
Maximale Spontaneität		•	Maximale Reflektiertheit
Freie Themenentwicklung		•	Themenfixierung

3.2.2 Versprachlichungsstrategien

„Aus den kommunikativen Bedingungen der Nähe bzw. der Distanz ergeben sich nun in sprachlichen Äußerungen bestimmte Präferenzen für unterschiedliche kommunikative Strategien und Medien:" (Koch/Oesterreicher 1986: 21)

3.2.2.1 Präferenz von Kontexttypen

Sprachliche Äußerungen werden oftmals nur durch ihren Kontext verständlich. Um eine Äußerung zu verstehen, muss man also ihren Kontext kennen und verstehen. Hierbei gibt es verschiedene Kontexttypen, wie den situativen Kontext, den Wissenskontext, den sprachlich-kommunikativen Kontext und andere kommunikative Kontexte. Der sprachliche-kommunikative Kontext hat einen digitalen Charakter, „das heißt, dass hier Kommunikation mit Hilfe klar identifizierbarer, `diskreter` Einheiten vollzogen wird." (Koch/Oesterreicher 2011: 11) Die anderen genannten Kontextarten zeichnen sich hingegen durch einen analogen Charakter aus.

Die Versprachlichungsstrategien der Nähe und der Distanz unterscheiden sich in der Präferenz verschiedener Kontextarten. Während beim Nähesprechen alle genannten Kontexttypen, digitale und analoge, vorkommen können, ist beim Distanzsprechen eine klare Präferenz für sprachliche Kontexte vorhanden. Bei den analogen Kontexten ist hier mit Einschränkungen zu rechnen. (vgl. Koch/Oesterreicher 2011: 11)

Zur Analyse der Wahlplakate auf genannte Kontexttypen:

Der situative Kontext beinhaltet alle Personen, Gegenstände und Sachverhalte, die in einer Kommunikationssituation wahrnehmbar sind. (vgl. Koch/Oesterreicher 2011: 11) Durch die physische Distanz der Kommunikationspartner und die Situations- und Handlungsentbindung bei der Produktion und Rezeption von Wahlplakaten, kann es hier keinen situativen Kontext geben.

Beim Wissenskontext wird zwischen dem individuellen und dem allgemeinen Wissenskontext unterschieden. Der individuelle Wissenskontext umfasst gemeinsames Wissen der Partner, wie beispielsweise gemeinsame Erlebnisse oder Wissen übereinander. Der allgemeine Wissenskontext umfasst Allgemeinwissen, wie beispielsweise kulturelle Tatsachen, moralische Werte oder logische Relationen. (vgl. Koch/Oesterreicher 2011: 11) Da es sich bei Wahlplakaten um ein politisches Instrument handelt, das sich an die Öffentlichkeit richtet und die Allgemeinheit ansprechen will, werden in der Regel allgemeine Themen wie Frieden, Arbeit oder politische Sicherheit behandelt. Diese sind also dem allgemeinen Wissenskontext zuzuordnen.

Der sprachlich-kommunikative Kontext, auch `Ko-Text` genannt, bezieht sich auf im Text vorkommende Äußerungen. Diese können der entsprechenden Äußerung vorangehen oder folgen. Da bei den analysierten Wahlplakaten in der Regel nur ein paar Worte oder ein sehr knapper Wahlslogan vorhanden sind, ist hierbei nur wenig Raum für einen sprachlich-kommunikativen Kontext.

Zu anderen kommunikativen Kontexten zählen der parasprachlich-kommunikative Kontext und der nichtsprachlich-kommunikative Kontext. Der parasprachlich-kommunikative Kontext umfasst beispielsweise intonatorische Phänomene, Sprechgeschwindigkeit und Lautstärke. Diese nähesprachlichen Faktoren sind bei einem rein graphischen Medium, wie das Wahlplakat eins ist, nicht gegeben.

Der nichtsprachlich-kommunikative Kontext umfasst unterstützende Faktoren wie Gestik, Mimik, Körperhaltung und Proxemik. Bei einer rein textualisierten Äußerung können auch diese Phänomene nicht gegeben sein. Allerdings wird dieser Kontext in den analysierten Wahlplakaten sehr wohl abgedeckt, nämlich durch die dazugehörigen Bildkomponenten. Hier spielen die Gestik, Mimik und Körperhaltung der abgebildeten Personen, meist der parteiführenden Politiker oder Politikerinnen, eine zentrale Rolle.

3.2.2.2 Planungsaufwand

Wie bereits in 3.2.1.9 erwähnt wurde, unterscheiden sich die gesprochene und geschriebene Sprache in dem Maß an benötigtem Planungsaufwand. Während beim Nähesprechen ein geringes Maß an Planung nötig ist, erfordert das Distanzsprechen in der Regel viel vorherige Planung.

Das Wahlplakat als Text ist bezüglich dieses Faktors der Distanzsprache zuzuordnen, da ein hoher Planungsaufwand benötigt wird.

3.2.2.3 Vorläufigkeit vs. Endgültigkeit

Während sich die gesprochene Sprache durch ihre Vorläufigkeit und Prozesshaftigkeit auszeichnet, ist die geschriebene Sprache von ihrer Endgültigkeit und Verdinglichung geprägt. (vgl. Koch/Oesterreicher 2011: 12/ 1986: 22)

Das Wahlplakat ist durch seine Endgültigkeit hier eindeutig dem Distanzpol zuzuordnen.

3.2.2.4 Sparsamkeit vs. Kompaktheit

Die geschriebene Kommunikation zeichnet sich durch eine kompakte Versprachlichung und ein hohes Maß an syntaktischer Integration aus. Dies erfordert eine aufwendigere Verbalisierung und führt zu einer hohen Informationsdichte. Die gesprochene Kommunikation hingegen zeichnet sich durch eine sparsame und weniger integrierte Versprachlichung aus. Die syntaktische Gestaltung erfolgt häufig extensiv, linear und aggregativ. Die Informationsdichte ist hier folglich geringer als bei der geschriebenen Kommunikation.

Das Wahlplakat lässt sich auf Grund der Kürze der Texte nur schwer einem der beiden Pole zuordnen. Auf der einen Seite kann man von einer Kompaktheit der Wahltexte sprechen, da vom Produzenten versucht wird, mit möglichst wenig Worten Überzeugung zu leisten. Auf der anderen Seite wird eine komplexe Versprachlichung vermieden, um die Texte möglichst verständlich zu machen und so eine größtmögliche Zahl an Rezipienten erreichen zu können.

3.2.3 Nähesprachliche Merkmale

Im folgenden Abschnitt werden die Wahlplakate auf universale Merkmale des gesprochenen Spanisch untersucht. Diese Merkmale schließen an die erörterten Kommunikationsbedingungen und Versprachlichungsstrategien an und sind essentiell für konzeptionelle Mündlichkeit. (vgl. Koch/Oesterreicher 2011: 41)

3.2.3.1 Textuell-pragmatischer Bereich

Der textuell-pragmatische Bereich umfasst diejenigen „sprachlichen Elemente, die ausschließlich auf Instanzen und Faktoren der Kommunikation verweisen (Kontakt zwischen Produzent und Rezipient, ihre Gesprächsrollen, Diskurs/Text,

`Formulierung`, deiktische Konstellationen, verschiedene Kontexte und Emotionen)." (Koch/Oesterreicher 2011: 42)

Zu solchen Merkmalen zählen, Gliederungssignale, Turn-taking-Signale, Kontaktsignale, Überbrückungsphänomene, Korrektursignale, Interjektionen und Abtönungsphänomene. (vgl. Koch/Oesterreicher 2011: 42ff.) Bei der Analyse der Wahlplakate konnte eines dieser nähesprachlichen Merkmale mit großer Häufigkeit identifiziert werden: die Kontaktsignale.

Kontaktsignale dienen der „Herstellung und Aufrechterhaltung des kommunikativen Kontaktes." (Koch/Oesterreicher 2011: 50) Sie können sprachlicher, parasprachlicher oder nichtsprachlicher Natur sein. Außerdem muss zwischen Sprecher- und Hörersignalen unterschieden werden; Sprechersignale sind die vom Produzenten an den Rezipienten gerichteten Kontaktsignale, Hörersignale die vom Rezipienten an den Produzenten gerichteten Kontaktsignale. (vgl. Koch/Oesterreicher 2011: 50ff.) Da die Kommunikationspartner der Wahlplakate raumzeitlich voneinander getrennt sind und es keine Rückkopplungsfunktion gibt, kann das Vorhandensein von Hörersignalen ausgeschlossen werden. Trotz der physischen Distanz kann ein nichtsprachliches Merkmal identifiziert werden, das gehäuft vorkommt: der Blickkontakt. Natürlich ist der Blickkontakt nicht physischer Natur, sondern wird lediglich durch den direkten Blick in die Kamera imitiert. Da die Politiker damit aber die Herstellung des kommunikativen Kontaktes intendieren, kann dieser `indirekte Blickkontakt`, je nach Auslegung, als Kontaktsignal gewertet werden. In folgenden Wahlplakaten blicken die porträtierten Politiker direkt in die Kamera: *Abb. 3, Abb. 6, Abb. 11, Abb. 13, Abb. 14, Abb. 16, Abb. 18, Abb. 19, Abb. 20, Abb. 21, Abb. 23, Abb. 24, Abb. 25, Abb. 26, Abb. 27, Abb. 28, Abb. 29, Abb. 32, Abb. 34, Abb. 36, Abb. 37, Abb. 40, Abb. 42, Abb. 44, Abb. 46, Abb. 47.* (siehe Anhang)

3.2.3.2 Syntaktischer Bereich

Es gibt eine Reihe syntaktischer „Erscheinungen, die sich aus den Bedingungen des Nähesprechens als universale Merkmale gesprochener Sprache ergeben" (Koch/Oesterreicher 2011: 81). Darunter fallen zum Beispiel Engführungen und eine geringe syntaktische Komplexität. Es gibt noch viele weitere Merkmale; wir beschränken uns hier auf die beiden genannten Merkmale, welche in den Wahlplakaten identifiziert werden konnten.

Die Engführung ist ein typisch nähesprachliches Verfahren, das dazu dient, durch die Wiederholung einer syntaktischen Konstituente etwas zu präzisieren. (vgl. Koch/Oesterreicher   2011:   85) Dieses Merkmal findet sich in folgenden Äußerungen:

- „VOTAR CENTRO ES VOTAR SUAREZ" (Anhang: Abb. 5)
- „votar comunista es votar democracia" (Anhang: Abb. 10)
- „VOTA FUTURO VOTA PSOE" (Anhang: Abb. 23)
- „Vota comunista. VOTA PCPE" (Anhang: Abb. 31)

Hierbei fällt auf, dass es sich in allen drei Fällen um dieselbe Art von Präzisierung handelt; es wird erst ein Wert bzw. eine politische Einstellung genannt und dann durch die Präzisierung mit dem Wert bzw. der politischen Einstellung der jeweiligen Partei gleichgesetzt.

Geringe syntaktische Komplexität kann sich durch die Verwendung von Parataxen äußern. Hierbei werden „gleichrangige Sätze auf der Diskursebene aneinandergereiht" (Koch/Oesterreicher 2011: 99), was der Parataxe einen aggregativen Charakter verleiht. Das distanzsprachliche Gegenstück hierzu wäre die integrative Hypotaxe. Dieses nähesprachliche Merkmal ist in folgenden sprachlichen Äußerungen zu finden:

- „VOTA FUTURO VOTA PSOE" (Anhang: Abb. 23)
- „No nos importa dónde naciste. No nos importa la lengua que hablas. No nos importa qué ropa vistes. Nos importas tú" (Anhang: Abb. 29)
- „Vivimos juntos, decidimos juntos." (Anhang: Abb. 30)
- „Vota comunista. VOTA PCPE" (Anhang: Abb. 31)
- „es tu pueblo, es tu alcalde" (Anhang: Abb. 37)
- „LA ESPAÑA QUE QUIERES / HAZ QUE PASE / VOTA PSOE" (Anhang: Abb. 44)

Der semantische Bereich betrifft das „Verhältnis zwischen sprachlichen Zeichen (vom Morphem bis hinauf zum Diskurs/Text) und den von ihnen bezeichneten Gegenständen und Sachverhalten." (Koch/Oesterreicher 2011: 105) Die Bezeichnung von einem Gegenstand oder Sachverhalt durch sprachliche Zeichen nennt man Referentialisierung. Da eine Sache immer durch eine Vielzahl unterschiedlicher sprachlicher Zeichen ausgedrückt werden kann, hat der Produzent einer sprachlichen Äußerung einen großen Formulierungsspielraum bei der Referentialisierung. Im Gegenzug wird dem Rezipienten, je nach Komplexität der Formulierung, eine Verstehensleistung abverlangt. (vgl. Koch/Oesterreicher 2011: 105)

Semantisch nähesprachliche Merkmale, die bei der Analyse der Wahlplakate identifiziert werden konnten sind Passe-partout-Wörter und expressiv-affektive Ausdrucksverfahren.

Passe-partout-Wörter werden als `Allerweltswörter` bezeichnet, da sie semantisch fast inhaltlose Lexeme darstellen, die verwendet werden können, um eine Vielzahl an unterschiedlichen Gegenständen oder Sachverhalten zu bezeichnen. Hierbei wird zwischen Passe-partout-Substantiven und Passe-partout-Verben unterschieden. Innerhalb der Substantive gibt es zwei Klassen; einer ist das Merkmal `menschlich` und einer das Merkmal `unbelebt` zuzuschreiben. Bei der Analyse der Wahlplakate konnte folgendes Passe-partout-Substantiv der Kategorie `menschlich` identifiziert werden: *„las personas"* (Anhang: Abb. 29). Bei den Verben wird zwischen `tun/handeln` und `Präsentieren eines neuen Referenzobjektes` unterschieden. Bei der Analyse konnte folgendes Passe-partout-Verb der Kategorie `Tun/Handlung` identifiziert werden: *„haz que pase"* (Anhang: Abb. 44). (vgl. Koch/Oesterreicher 2011: 108ff.)

Epressiv-affektive Ausdrucksverfahren dienen der Herstellung von Emotionalität. Die begriffliche Unterscheidung zwischen Expressivität und Affektivität wurde bereits in 3.2.1.3 geklärt. An der Stelle wurde auch erwähnt, dass in den analysierten Wahlplakaten Affektivität nur in geringem Maße zum Einsatz kommt. Dementsprechend sind auch keine affektiven Ausdrucksverfahren gegeben. Der

Fokus liegt hier auf der auf Gegenstände und Sachverhalte gerichteten Expressivität. Bei der Analyse der Wahlplakate lassen sich zwei expressive Ausdrucksverfahren feststellen: die Wiederholung und die Verwendung von emotional besetzten Themenzentren.

Die Wiederholung ist ein „äußerst sparsames syntaktisches Mittel, das semantisch dem Ziel der Steigerung zugute kommt" (Koch/Oesterreicher 2011: 126). Folgende Wiederholungen konnten bei der Analyse identifiziert werden:

- *„VOTAR CENTRO ES VOTAR SUAREZ"* (Anhang: Abb. 5)
- *„votar comunista es votar democracia"* (Anhang: Abb. 10)
- *„VOTA FUTURO VOTA PSOE"* (Anhang: Abb. 23)
- *„No nos importa dónde naciste. No nos importa la lengua que hablas. No nos importa qué ropa vistes. Nos importas tú"* (Anhang: Abb. 29)
- *„Vivimos juntos, decidimos juntos."* (Anhang: Abb. 30)
- *„Vota comunista. VOTA PCPE"* (Anhang: Abb. 31)
- *„es tu pueblo, es tu alcalde"* (Anhang: Abb. 37)

Die bereits erwähnten emotional besetzten Themenzentren, die in sprachlichen Äußerungen zum Einsatz kommen, um eine hohe emotionale Beteiligung zu fördern, werden von Koch und Oesterreicher (2011: 121) wie folgt kategorisiert:

A) Gefühle und Bewertungen
B) Handlungsentwürfe, Planungen, Hoffnungen etc.
C) Auffällige Intensitäten und Quantitäten
D) `Lebensgrundlagen`
E) Das Fremde

Bei der Analyse der Wahlplakate sind die Kategorien A, B und D besonders vertreten. Teilweise gibt es eine Überschneidung der Kategorien.

In Kategorie A wird vornehmlich das emotional besetzte Thema der Solidarität behandelt, welches man folgenden Äußerungen entnehmen kann:

- *„unidad"* (Anhang: Abb. 6)
- *„para todos los españoles"* (Anhang: Abb. 7)

- *„pacte democratìc"* (Anhang: Abb. 8)
- *„tu voto es nuestra fuerza"* (Anhang: Abb. 12)
- *„por el progreso de la mayoría"* (Anhang: Abb. 23)
- *„juntos vamos a más"* (Anhang: Abb. 27)
- *„nos importan las personas"/"nos importas tú"* (Anhang: Abb. 29)
- *„vivimos juntos, decidimos juntos"* (Anhang: Abb. 30)
- *„una politica para el pueblo y para la clase obrera"* (Anhang: Abb. 31)
- *„centrados en ti"* (Anhang: Abb. 36)
- *„es tu pueblo, es tu alcalde"* (Anhang: Abb. 37)
- *„un país contigo"* (Anhang: Abb. 40)
- *„un futuro para la mayoría"* (Anhang: Abb. 42)
- *„¡VAMOS! ciudadanos"* (Anhang: Abb. 47)

Der Kategorie B lassen sich theoretisch alle analysierten Plakate zuordnen, da sie den Rezipienten direkt oder indirekt zur Wahl auffordern und somit Handlungsentwürfe darstellen. Zudem werden Planungen und Hoffnungen in folgenden Äußerungen explizit ausgedrückt:

- *„queremos la democracia"* (Anhang: Abb. 7)
- *„la igualdad por encima del sexo"* (Anhang: Abb. 9)
- *„un gobierno firme"* (Anhang: Abb. 12)
- *„por el cambio"* (Anhang: Abb. 15)
- *„es hora de soluciones"* (Anhang: Abb. 17)
- *„vota futuro"* (Anhang: Abb. 23)
- *„por el progreso de la mayoría"* (Anhang: Abb. 23)
- *„la alternativa necesaria"* (Anhang: Abb. 26)
- *„juntos vamos a más"* (Anhang: Abb. 27)
- *„una España mejor"* (Anhang: Abb. 28)
- *„vivimos juntos, decidimos juntos"* (Anhang: Abb. 30)
- *„cambio"* (Anhang: Abb. 35)
- *„por un nuevo país"* (Anhang: Abb. 38)
- *„un futuro para la mayoría"* (Anhang: Abb. 42)

- *„la historia la escribes tú"* (Anhang: Abb. 45)

Dem Themenzentrum `Lebensgrundlagen` sind eine Vielzahl an Themen zuzuordnen, so wie Essen, Schlafen, Sexualität, Körperlichkeit, Tod, Arbeit, Geld, Kampf, Freiheit und viele mehr. (vgl. Koch/Oesterreicher 2011: 121)

Das Thema Freiheit wird in folgenden Äußerungen behandelt:

- *„libertad"* (Anhang: Abb. 2)
- *„libertad e igualdad con bienestar"* (Anhang: Abb. 9)

Das Thema Arbeit wird in folgender Äußerung behandelt:

- *„trabajador"* (Anhang: Abb. 10)

Das Thema Kampf wird in folgender Äußerung behandelt:

- *„Forca!"* (Anhang: Abb. 22)

Das Thema Sexualität/ Körperlichkeit wird in Abbildung 18 behandelt, wobei dies nur durch die Kombination aus Text und Bild hervorgeht:

- *„nos quedan muchas cosas por hacer juntos"* (Anhang: Abb. 18)

4. Schlussbetrachtung

Betrachtet man die Analyse im Hinblick auf die Kommunikationsbedingungen, die Versprachlichungsstrategien und die universalen nähesprachlichen Merkmale des Spanischen noch einmal abschließend, lässt sich folgendes zusammenfassen:

Die Kommunikationsbedingungen, die für Distanz sprechen, sind die Öffentlichkeit, die Situations- und Handlungsentbindung, der fehlende Referenzbezug auf die Sprecher-origo, die physische Distanz, der Mangel an Kooperation, die reine Monologizität, die Reflektiertheit und die Themenfixierung. Für Nähe sprechen hier lediglich die Vertrautheit der Kommunikationspartner und die hohe emotionale Beteiligung. Bei der Vertrautheit der

Kommunikationspartner muss allerdings beachtet werden, dass es sich nicht um „echte Vertrautheit", sondern um bewusst „hergestellte Nähe" (Koch/Oesterreicher 1986: 24) handelt.

Bei den Versprachlichungsstrategien sprechen der hohe Planungsaufwand, die Endgültigkeit und die Kompaktheit der sprachlichen Äußerung für Distanz. Die Präferenz für beide, sowohl sprachliche als auch nichtsprachliche Kontexte sprechen hier tendentiell für Nähe. Allerdings muss auch hier beachtet werden, dass die nichtsprachlichen Kontexte nur durch die in den Bildern dargestellte Mimik und Gestik abgedeckt werden kann.

Durch die Analyse der Kommunikationsbedingungen und Versprachlichungsstrategien lässt sich das Wahlplakat in etwa folgendermaßen in das Nähe-Distanz-Kontinuum einordnen:

Kommunikationsbedingungen:

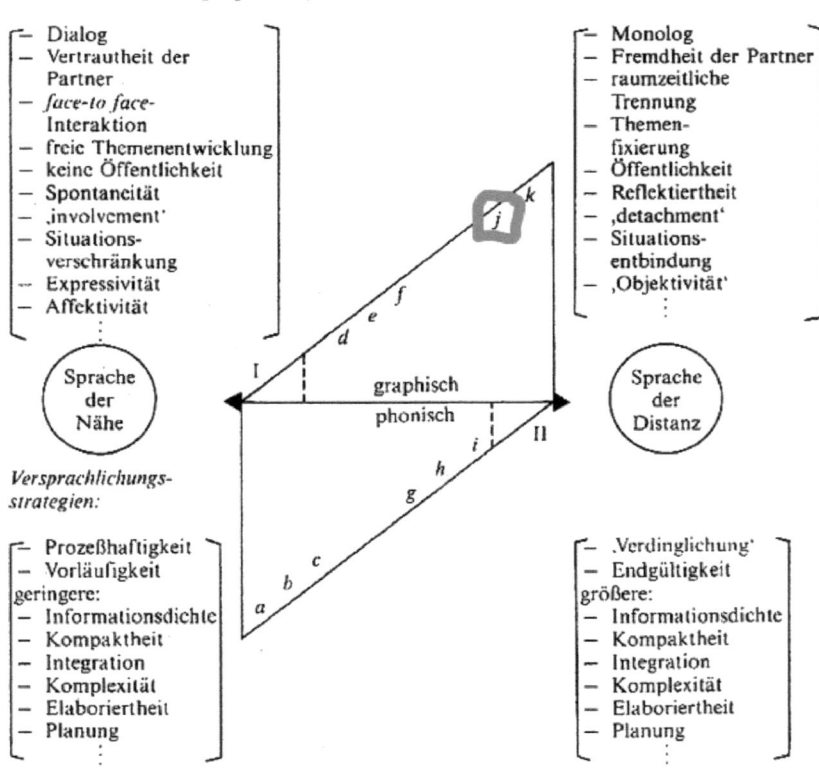

Dialog
— Vertrautheit der Partner
— *face-to-face-*Interaktion
— freie Themenentwicklung
— keine Öffentlichkeit
— Spontaneität
— ‚involvement‘
— Situationsverschränkung
— Expressivität
— Affektivität

Sprache der Nähe

Versprachlichungsstrategien:

— Prozeßhaftigkeit
— Vorläufigkeit
geringere:
— Informationsdichte
— Kompaktheit
— Integration
— Komplexität
— Elaboriertheit
— Planung

— Monolog
— Fremdheit der Partner
— raumzeitliche Trennung
— Themenfixierung
— Öffentlichkeit
— Reflektiertheit
— ‚detachment‘
— Situationsentbindung
— ‚Objektivität‘

Sprache der Distanz

graphisch
phonisch

— ‚Verdinglichung‘
— Endgültigkeit
größere:
— Informationsdichte
— Kompaktheit
— Integration
— Komplexität
— Elaboriertheit
— Planung

Die Einordnung tendiert stark zu der Sprache der Distanz, allerdings lassen die genannten Parameter eine Abstufung in Richtung der Nähesprache zu.

Hinzu kommen die nähesprachlichen Merkmale, welche vor allem in Hinblick auf expressive Ausdrucksverfahren sehr gehäuft auftreten. Diese werden gezielt genutzt, um Emotionen beim Rezipienten auszulösen.

Abschließend lässt sich also sagen, dass das Wahlplakat eine eher distanzsprachliche Kommunikationsform ist, die durch einige vom Produzenten bewusst eingesetzte nähesprachliche Elemente Nähe zum Rezipienten erzeugt. Damit bestätigt sich die anfangs aufgestellte These.

5. Anhang[1]

1) Wahlplakat der PSOE (Quelle:
   https://elpais.com/elpais/2017/06/08/album/1496939077_780741.html#foto_gal_2
   / Zugriff: 02.09.2019)

2) Wahlplakat der PSOE 1977 (Quelle:
   https://elpais.com/elpais/2017/06/08/album/1496939077_780741.html#foto_gal_2
   / Zugriff: 02.09.2019)

---

[1] Anmerkung: Aus ökonomischen Gründen stellt der Anhang zugleich den untersuchten Korpus dar. Bei der Analyse wurden alle im Anhang aufgeführten Abbildungen berücksichtigt, allerdings konnten nicht in jeder Abbildung für die Analyse relevante Merkmale identifiziert werden. Demnach werden nicht alle im Anhang aufgeführten Abbildungen in der Analyse erwähnt.

3) Wahlplakat der PSOE 1977 (Quelle: http://thalassiana.blogspot.com/2012/10/los-peores-carteles-electorales-de-la.html/ Zugriff: 02.09.2019)

4) Wahlplakat der Alianza Popular 1977 (Quelle: https://elpais.com/elpais/2017/06/08/album/1496939077_780741.html#foto_gal_2/ Zugriff: 02.09.2019)

5) Wahlplakat der Union de Centro Democratico (Quelle:
   https://elpais.com/elpais/2017/06/08/album/1496939077_780741.html#foto_gal_2
   / Zugriff: 02.09.2019)

6) Wahlplakat der PSOE (Quelle:
   https://elpais.com/elpais/2017/06/08/album/1496939077_780741.html#foto_gal_2
   / Zugriff: 02.09.2019)

7) Wahlplakat der PCE (Quelle:
https://elpais.com/elpais/2017/06/08/album/1496939077_780741.html#foto_gal_2
/ Zugriff: 02.09.2019)

8) Wahlplakat des Pacte democràtic per Catalunya (Quelle:
https://elpais.com/elpais/2017/06/08/album/1496939077_780741.html#foto_gal_2
/ Zugriff: 02.09.2019)

9) Wahlplakat der Alianza Popular (Quelle:
https://elpais.com/elpais/2017/06/08/album/1496939077_780741.html#foto_gal_2
/ Zugriff: 02.09.2019)

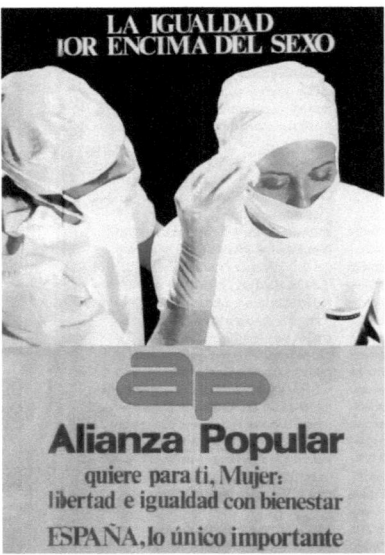

10) Wahlplakat der PCE (Quelle:
https://elpais.com/elpais/2017/06/08/album/1496939077_780741.html#foto_gal_2
/ Zugriff: 02.09.2019)

11) Wahlplakat der PSOE 1979 (Quelle:
https://elpais.com/elpais/2017/06/08/album/1496939077_780741.html#foto_gal_2
/ Zugriff: 02.09.2019)

12) Wahlplakat der PSOE 1979 (Quelle: http://thalassiana.blogspot.com/2012/10/los-
peores-carteles-electorales-de-la.html/ Zugriff: 02.09.2019)

13) Wahlplakat der PSOE 1979 (Quelle: http://thalassiana.blogspot.com/2012/10/los-
peores-carteles-electorales-de-la.html/ Zugriff: 02.09.2019)

14) Wahlplakat der UCD 1982 (Quelle:
https://elpais.com/elpais/2017/06/08/album/1496939077_780741.html#foto_gal_2
/ Zugriff: 02.09.2019)

15) Wahlplakat der PSOE 1982 (Quelle:
https://elpais.com/elpais/2017/06/08/album/1496939077_780741.html#foto_gal_2
/ Zugriff: 02.09.2019)

16) Wahlplakat der Partei Centro Democrático y Social (CDS) 1982 (Quelle:
https://elpais.com/elpais/2017/06/08/album/1496939077_780741.html#foto_gal_2
/ Zugriff: 02.09.2019)

17) Wahlplakat der Alianza Popular 1982 (Quelle:
http://thalassiana.blogspot.com/2012/10/los-peores-carteles-electorales-de-
la.html/ Zugriff: 02.09.2019)

18) Wahlplakat der PSOE 1986 (Quelle:
https://elpais.com/elpais/2017/06/08/album/1496939077_780741.html#foto_gal_2
/ Zugriff: 02.09.2019)

19) Wahlplakat der PNV 1989 (Quelle:
https://elpais.com/elpais/2017/06/08/album/1496939077_780741.html#foto_gal_2
/ Zugriff: 02.09.2019)

20) Wahlplakat der CDS 1989 (Quelle: http://thalassiana.blogspot.com/2012/10/los-peores-carteles-electorales-de-la.html/ Zugriff: 02.09.2019)

21) Wahlplakat der PP 1989 (Quelle: http://thalassiana.blogspot.com/2012/10/los-peores-carteles-electorales-de-la.html/ Zugriff: 02.09.2019)

22) Wahlplakat der Convergència i Unió (Quelle:
https://elpais.com/elpais/2017/06/08/album/1496939077_780741.html#foto_gal_2
/ Zugriff: 02.09.2019)

23) Wahlplakat der PSOE 1993 (Quelle:
https://elpais.com/elpais/2017/06/08/album/1496939077_780741.html#foto_gal_2
/ Zugriff: 02.09.2019)

24/25) Wahlplakate der Partido Popular und CiU 1993 (Quelle:
https://elpais.com/elpais/2017/06/08/album/1496939077_780741.html#foto_g
al_2/ Zugriff: 02.09.2019)

26) Wahlplakat der Izquierda Unida 1993 (Quelle:
http://thalassiana.blogspot.com/2012/10/los-peores-carteles-electorales-de-
la.html/ Zugriff: 02.09.2019)

27/28) Wahlplakate der PP und PSOE 2004 (Quelle:
https://elpais.com/elpais/2017/06/08/album/1496939077_780741.html#foto_g
al_2/ Zugriff: 02.09.2019)

29) Wahlplakat der Partei Ciutadans 2006 (Quelle:
http://thalassiana.blogspot.com/2012/10/los-peores-carteles-electorales-de-
la.html/ Zugriff: 02.09.2019)

30) Wahlplakat der PSOE 2008 (Quelle:
https://elpais.com/elpais/2017/06/08/album/1496939077_780741.html#foto_g
al_2/ Zugriff: 02.09.2019)

31) Wahlplakat der PCPE 2008 (Quelle:
https://sputnikarte.wordpress.com/2008/02/22/sputnik-diseno-grafico-disena-
la-propaganda-estatal-del-pcpe-y-cjc// Zugriff: 02.09.2019)

32)) Wahlplakat der UPyD 2011 (Quelle:
https://elpais.com/elpais/2017/06/08/album/1496939077_780741.html#foto_g
al_2/ Zugriff: 02.09.2019)

33) Wahlplakat der PSOE 2011 (Quelle:
https://elpais.com/elpais/2017/06/08/album/1496939077_780741.html#foto_g
al_2/ Zugriff: 02.09.2019)

34) Wahlplakat der Izquierda Unida 2011 (Quelle:
https://www.libertaddigital.com/fotos/carteles-electorales-con-historia-
1003147/cartel-iu-2008.jpg.html/ Zugriff: 02.09.2019)

35) Wahlplakat der PP 2011 (Quelle:
http://thalassiana.blogspot.com/2012/10/los-peores-carteles-electorales-de-
la.html/ Zugriff: 02.09.2019)

36) Wahlplakat der PP 2011 (Quelle:
http://thalassiana.blogspot.com/2012/10/los-peores-carteles-electorales-de-la.html/ Zugriff: 02.09.2019)

37) Wahlplakat der PSOE 2011 (Quelle:
http://www.resultadoselectorales.es/desde-el-3-de-abril-del-79-hasta-nuestros-dias// Zugriff: 02.09.2019)

38) Wahlplakat der Unidad Popular 2015 (Quelle: https://www.bing.com/images/search?view=detailV2&id=02409EAF0BCA00B99732015 08940899353409385&thid=OIP.J-1AgQjrorqSme9CL4MYNAHaEK&mediaurl=http%3A%2F%2Fwww.ecestaticos.com%2Fi magestatic%2Fclipping%2F245%2F0f1%2F100%2F2450f110021bc09d28ebd51cadd5c5af %2Fde-1977-a-2015-los-carteles-electorales-de-la-democracia.jpg%3Fmtime%3D1449075056&exph=752&expw=1338&q=carteles+elector ales+espana+2015&selectedindex=3&ajaxhist=0&vt=0&eim=1,6/ Zugriff: 02.09.2019)

39) Wahlplakat der Partei Podemos 2015 (Quelle: https://cajondeinformacionjosevicente.blogspot.com/2015/12/carteles-electorales-2015.html/ Zugriff: 02.09.2019)

40) Wahlplakat der Partei Podemos 2015 (Quelle:
http://miscelaneaturolense.blogspot.com/2015/12/diciembre2015miscelanea-
los-carteles.html/ Zugriff: 02.09.2019)

41) Wahlplakat der PP 2015 (Quelle:
https://cajondeinformacionjosevicente.blogspot.com/2015/12/carteles-
electorales-2015.html/ Zugriff: 02.09.2019)

42) Wahlplakat der PSOE 2015 (Quelle: https://cajondeinformacionjosevicente.blogspot.com/2015/12/carteles-electorales-2015.html/ Zugriff: 02.09.2019)

43) Wahlplakat der Partei Ciudadanos 2015 (Quelle: https://cajondeinformacionjosevicente.blogspot.com/2015/12/carteles-electorales-2015.html/ Zugriff: 02.09.2019)

44) Wahlplakat der PSOE 2019 (Quelle: https://maquiaveloyfreud.com/carteles-electorales-campana-2019-espana// Zugriff: 02.09.2019)

45) Wahlplakat der Partei Unidas Podemos 2019 (Quelle: https://maquiaveloyfreud.com/carteles-electorales-campana-2019-espana// Zugriff: 02.09.2019)

46) Wahlplakat der Partido Popular 2019 (Quelle: https://maquiaveloyfreud.com/carteles-electorales-campana-2019-espana// Zugriff: 02.09.2019)

47) Wahlplakat der Partei Ciudadanos 2019 (Quelle:
https://maquiaveloyfreud.com/carteles-electorales-campana-2019-espana//
Zugriff: 02.09.2019)

48) Wahlplakat der Partei VOX 2019 (Quelle:
https://maquiaveloyfreud.com/carteles-electorales-campana-2019-espana/
Zugriff: 02.09.2019)

6. Literaturverzeichnis

- Brinker, Klaus: Linguistische Textanalyse. Eine Einführung in Grundbegriffe und Methoden. 6., überarbeitete und erweiterte Auflage. Berlin: Erich Schmidt Verlag, 2005

- Koch, Peter/Oesterreicher, Wulf: Sprache der Nähe – Sprache der Distant. Mündlichkeit und Schriftlichkeit im Spannungsfeld von Sprachtheorie und Sprachgeschichte. In: Romanistisches Jahrbuch. Band 36. Berlin/New York: Walter de Gruyter, 1986

- Koch, Peter/Oesterreicher, Wulf: Gesprochene Sprache in der Romania. Französisch, Italienisch, Spanisch. 2., aktualisierte und erweiterte Auflage. Berlin/New York: Walter de Gruyter GmbH & Co. KG, 2011

- Schmidt, Siegfried J.: Texttheorie. Probleme einer Linguistik der sprachlichen Kommunikation. München: Wilhelm Fink Verlag, 1973

- Vater, Heinz: Einführung in die Textlinguistik. Struktur und Verstehen von Texten. 3., überarbeitete Auflage. München: Wilhelm Fink Verlag, 2001